Recogedores de basura

Julie Murray

Abdo Kids Junior es una
subdivisión de Abdo Kids
abdobooks.com

TRABAJOS EN MI COMUNIDAD

abdobooks.com

Published by Abdo Kids, a division of ABDO, P.O. Box 398166, Minneapolis, Minnesota 55439.
Copyright © 2019 by Abdo Consulting Group, Inc. International copyrights reserved in all countries.
No part of this book may be reproduced in any form without written permission from the publisher.
Abdo Kids Junior™ is a trademark and logo of Abdo Kids.

Printed in the United States of America, North Mankato, Minnesota.
102018
012019

Spanish Translator: Maria Puchol
Photo Credits: Glow Images, iStock, Shutterstock
Production Contributors: Teddy Borth, Jennie Forsberg, Grace Hansen
Design Contributors: Christina Doffing, Candice Keimig, Dorothy Toth

Library of Congress Control Number: 2018953848
Publisher's Cataloging-in-Publication Data

Names: Murray, Julie, author.
Title: Recogedores de basura / by Julie Murray.
Other title: Garbage collectors
Description: Minneapolis, Minnesota : Abdo Kids, 2019 | Series: Trabajos en mi
    comunidad | Includes online resources and index.
Identifiers: ISBN 9781532183683 (lib. bdg.) | ISBN 9781641857109 (pbk.) | ISBN 9781532184765 (ebook)
Subjects: LCSH: Sanitation workers--Garbage Collectors--Juvenile literature. |
    Occupations--Careers--Jobs--Juvenile literature. | Community life--Juvenile
    literature. | Spanish language materials--Juvenile literature.
Classification: DDC 628.442--dc23

Contenido

Recogedores
de basura. 4

Los materiales de un
recogedor de basura. . . 22

Glosario 23

Índice. 24

Código Abdo Kids 24

Recogedores de basura

Por ahí viene un camión enorme. ¿Quién lo maneja? ¡El recogedor de basura!

El recogedor de basura ayuda a mantener la ciudad limpia.

El conductor se sienta en la **cabina**. Está al frente.

Nico jala de una **palanca** para levantar la basura y la tira en el contenedor.

Algunos lo hacen a mano. Joe levanta el bote de basura.

Amy pulsa el botón para **comprimir** la basura. Ahora cabe aún más.

Los recogedores de basura siguen una ruta. Es la misma ruta cada semana.

Hacen paradas en los comercios. También pasan por las casas.

El camión está lleno. Es el momento de ir al contenedor.

Los materiales de un recogedor de basura

el camión de basura

un chaleco reflectante

la ruta

los cubos de basura

Glosario

cabina
parte frontal de un camión donde va el conductor.

comprimir
hacer más pequeño aplicando mucha presión.

palanca
manija que se usa para controlar una máquina.

ruta
camino que un camión de basura sigue cada día de un lugar a otro.

Índice

cabina 8

casas 18

ciudad 6

comercios 18

conductor 8

contenedor 10, 20

cubo de basura 12

máquina comprimidora 14

ruta 16, 18

¡Visita nuestra página **abdokids.com** y usa este código para tener acceso a juegos, manualidades, videos y mucho más!

Código Abdo Kids: MGK7887